AF188032

Impressum
Verlag: BABADADA GmbH, Nedderfeld 112 , 22529 Hamburg
Geschäftsführer / Verlagsleitung: Harald Hof
Druck: Books on Demand GmbH, In de Tarpen 42, 22848 Norderstedt

Imprint
Publisher: BABADADA GmbH, Nedderfeld 112 , 22529 Hamburg, Germany
Managing Director / Publishing direction: Harald Hof
Print: Books on Demand GmbH, In de Tarpen 42, 22848 Norderstedt

sekolah
shule

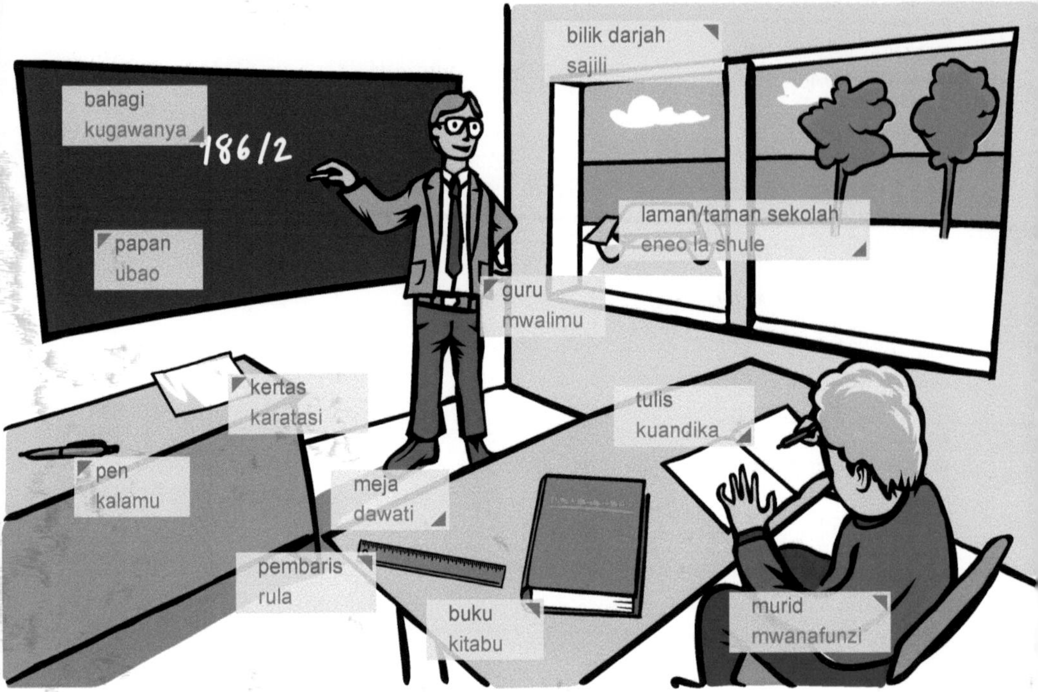

bilik darjah
sajili
bahagi
kugawanya
186/2
papan
ubao
laman/taman sekolah
eneo la shule
guru
mwalimu
kertas
karatasi
tulis
kuandika
pen
kalamu
meja
dawati
pembaris
rula
buku
kitabu
murid
mwanafunzi

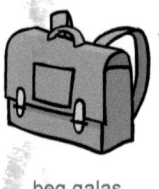

beg galas

mkoba

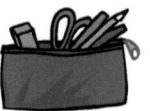

kotak pensel

kikasha cha penseli

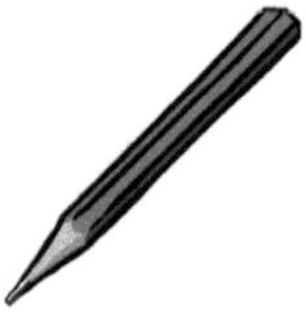

pensel

penseli

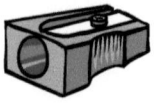

pengasah pensel

kichonga penseli

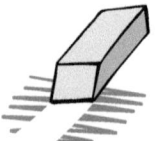

pemadam

mpira

kertas lukisan

pedi ya kuchora

melukis

uchoraji

berus lukis

brashi ya rangi

kotak warna

sanduku la rangi

gunting

mkasi

gam

gundi

buku latihan

daftari

kerja rumah

kazi ya nyumbani

nombor

nambari

tambah

jumlisha

tolak

ondoa

darab

zidisha

kira

kokotoa

huruf

barua

abjad

alfabeti

kata

neno

teks

maandishi

baca

kusoma

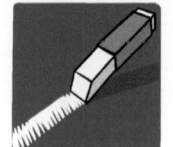

kapur

chaki

pelajaran

somo

daftar

sajili

peperiksaan

uchunguzi

sijil

cheti

uniform sekolah

sare za shule

pendidikan

elimu

ensiklopedia

elezo

universiti

chuo kikuu

mikroskop

darubini

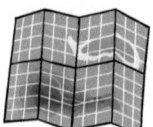

peta

ramani

bakul sampah

kikapu cha kuweka karatasi chafu

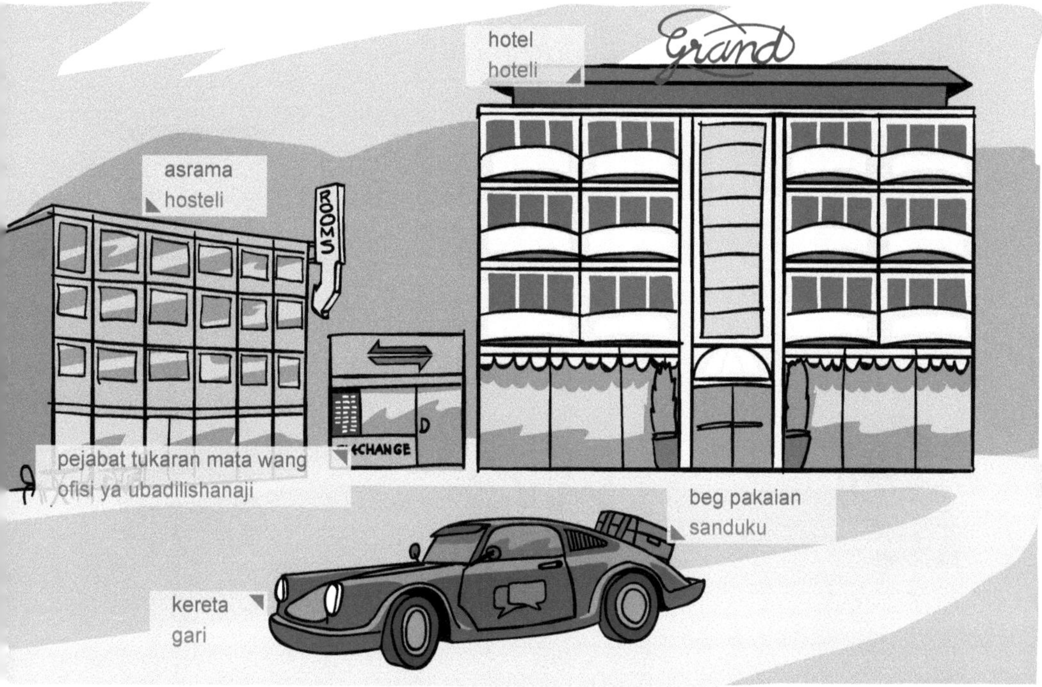

hotel
hoteli
Grand
asrama
hosteli
ROOMS
EXCHANGE
pejabat tukaran mata wang
ofisi ya ubadilishanaji
beg pakaian
sanduku
kereta
gari

bahasa

lugha

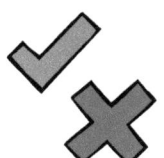

ya / tidak

ndiyo / la

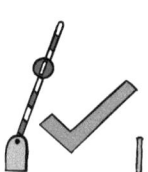

okey

sawa

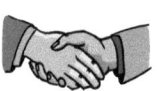

helo

hujambo

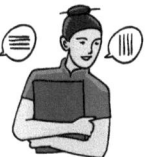

penterjemah

mtafsiri

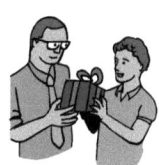

Terima kasih

Asante

berapa banyak...?

kiasi gani ni ...?

saya tidak faham

Sielewi

masalah

tatizo

Selamat petang!

Jioni njema!

Selamat Pagi!

Habari za asubuhi!

Selamat Malam!

Usiku mwema!

selamat tinggal

kwa heri

arah

mwelekeo

bagasi

mizigo

beg

mfuko

beg galas

shanta

tetamu

mgeni

bilik tidur

chumba

beg tidur

begi la kulalia

khemah

hema

maklumat pelancong

taarifa ya utalii

pantai

ufuo

kad kredit

kadi

sarapan

kifunguakinywa

makan tengah hari

chakula cha mchana

makan malam

chakula cha jioni

tiket

tiketi

lif

kuinua

setem

muhuri

sempadan

mpaka

kastam

mila

kedutaan

ubalozi

visa

visa

pasport

pasipoti

pengangkutan

usafiri

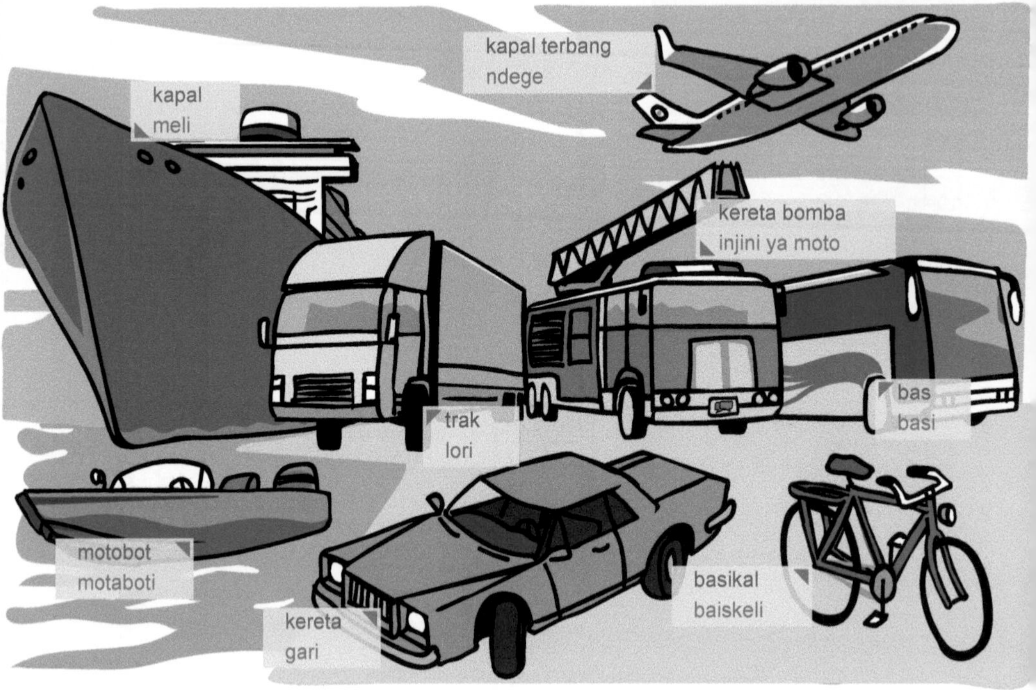
kapal terbang
ndege
kapal
meli
kereta bomba
injini ya moto
trak
lori
bas
basi
motobot
motaboti
basikal
baiskeli
kereta
gari

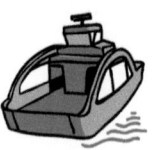

feri

feri

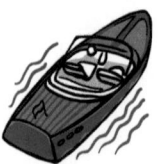

bot

mashua

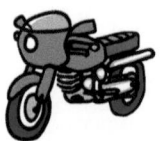

motosikal

pikipiki

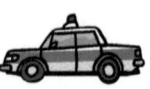

kereta polis

gari la polisi

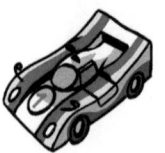

kereta lumba

gari la mashindano

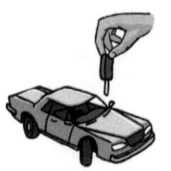

kereta sewa

gari la kukodisha

berkongsi kereta

kushiriki gari

trak tunda

lori la kuvuta

trak menolak

ukusanyaji taka

motor

motor

bahan api

mafuta

stesen minyak

kituo cha mafuta

tanda trafik

ishara trafiki

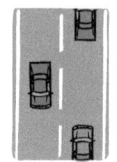

trafik

trafiki

kesesakan lalu lintas

msongamano

tempat parkir

maegesho

stesen kereta api

kituo cha treni

trek

reli

kereta api

garimoshi

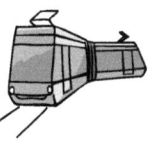

trem

tremu

gerabak

gari la mizigo

helikopter

helikopta

lapangan terbang

uwanja wa ndege

Menara

mnara

penumpang

abiria

bekas

chombo

kadbod

katoni

kart

mkokoteni

bakul

kikapu

berlepas / mendarat

ondoka

bandar

jiji

kampung

kijiji

pusat bandar

katikati ya jiji

rumah

nyumba

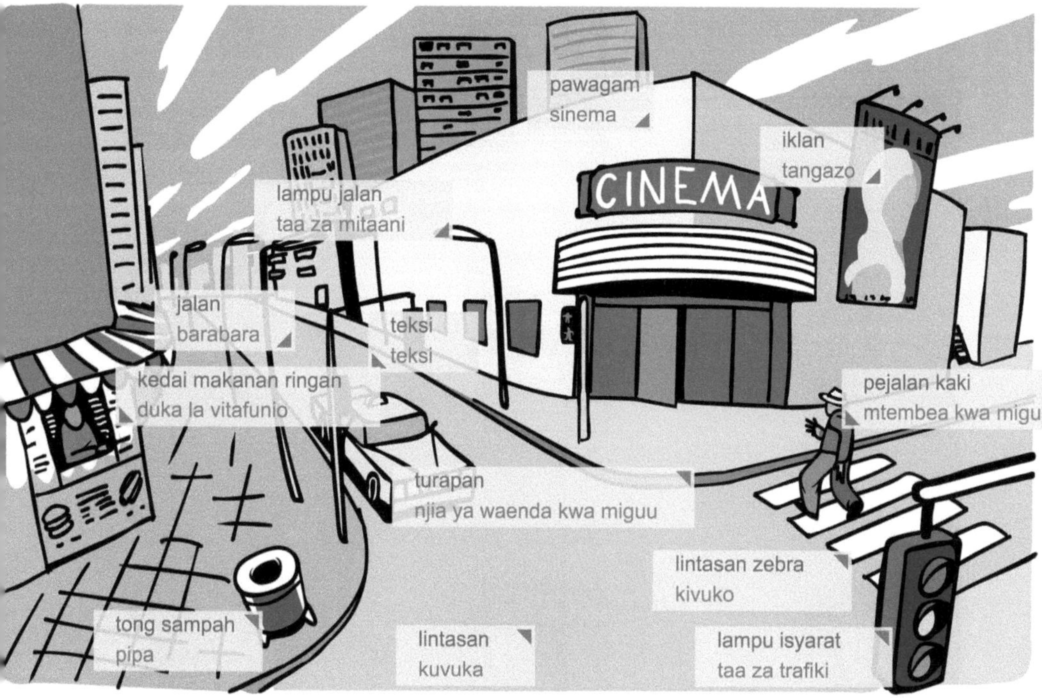
pawagam
sinema
iklan
tangazo
lampu jalan
taa za mitaani
jalan
barabara
teksi
teksi
kedai makanan ringan
duka la vitafunio
pejalan kaki
mtembea kwa migu
turapan
njia ya waenda kwa miguu
lintasan zebra
kivuko
tong sampah
pipa
lintasan
kuvuka
lampu isyarat
taa za trafiki

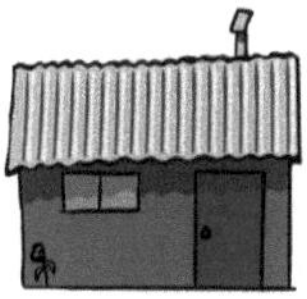

pondok

kibanda

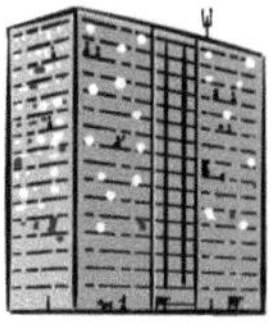

flat

gorofa

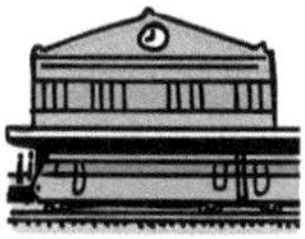

stesen kereta api

kituo cha treni

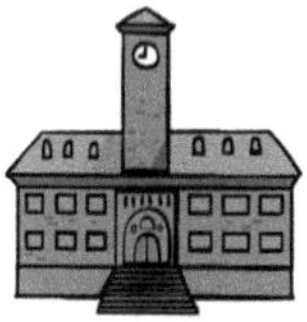

dewan bandar

ukumbi wa mji

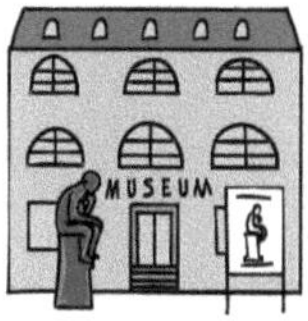

muzium

Makavazi

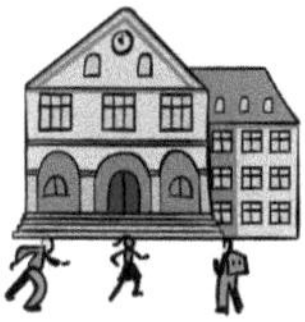

sekolah

shule

universiti

chuo kikuu

bank

benki

hospital

hospitali

hotel

hoteli

farmasi

duka la dawa

pejabat

ofisi

kedai buku

duka la kitabu

kedai

duka

kedai bunga

duka la maua

pasar raya

dukakuu

pasaran

soko

gedung

idara ya kuhifadhi

penjual ikan

mwuza samaki

pusat membeli-belah

kituo cha ununuzi

pelabuhan

bandari

taman
Hifadhi

bangku
benki

jambatan
daraja

tangga
vidato

bawah tanah
chini ya ardhi

terowong
handaki

hentian bas
kituo cha mabasi

bar
bar

restoran
mgahawa

peti surat
sanduku la posta

papan tanda jalan
ishara ya barabara

meter parkir
mita ya maegesho

zoo
bustani ya wanyama

kolam renang
kidimbwi cha kuogelea

masjid
msikiti

ladang

shamba

pencemaran

uchafuzi

tanah perkuburan

makaburini

gereja

kanisa

taman permainan

uwanja wa michezo

kuil

hekalu

landskap

mazingira

daun
jani

tiang tanda
ishara ya mwelekeo

jalan
njia

padang rumput
malisho

batu
jiwe

pejalan kaki
mtembeaji wa masafa

pokok
mti

sungai
mto

rumput
nyasi

bunga
ua

lembah

bonde

bukit

kilima

tasik

ziwa

hutan

msitu

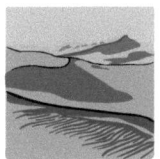

padang pasir

jangwa

gunung berapi

volkano

istana

ngome

pelangi

upinde wa mvua

cendawan

uyoga

pokok kelapa sawit

mtende

nyamuk

mbu

terbang

kuruka

semut

chungu

lebah

nyuki

labah-labah

buibui

kumbang

mende

katak

chura

tupai

kuchakuro

landak

nungunungu

arnab

sungura

burung hantu

bundi

burung

ndege

angsa

swan

babi jantan

nguruwe mwitu

rusa

kulungu

moose

aina ya kongoni

empangan

bwawa

turbin angin

tabo ya upepo

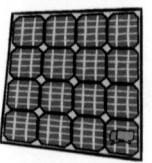

panel solar

nishaji ya jua

iklim

hali ya hewa

restoran
mgahawa

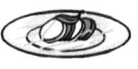

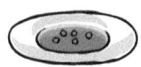

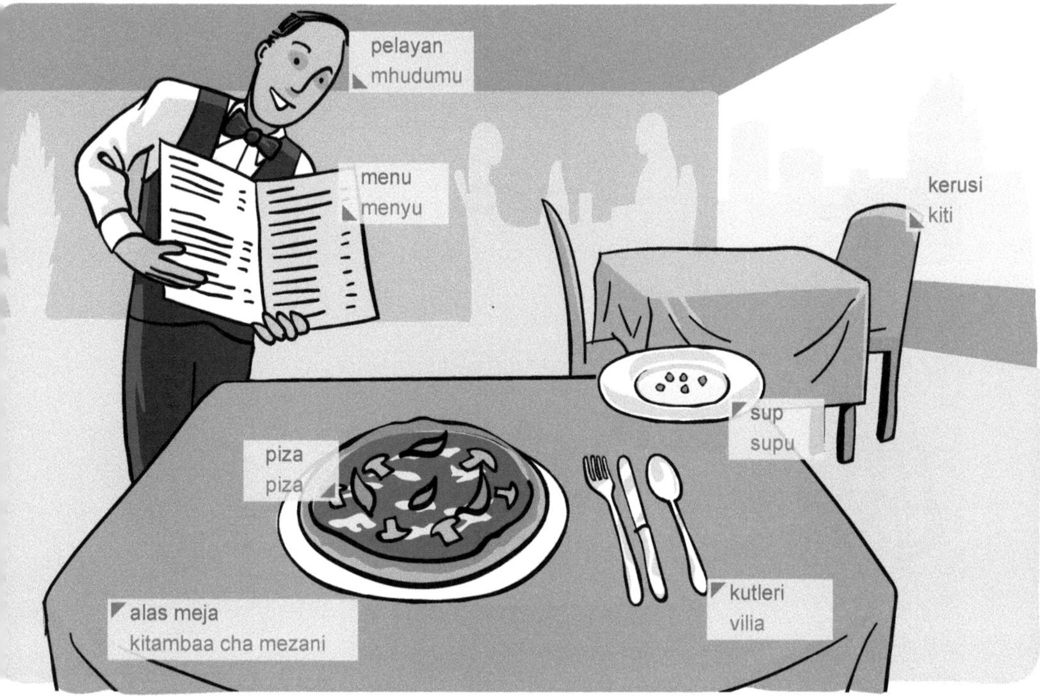
pelayan
mhudumu
menu
menyu
kerusi
kiti
sup
supu
piza
piza
alas meja
kitambaa cha mezani
kutleri
vilia

pemula
kiamsha hamu

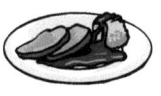

hidangan utama
kozi kuu

pencuci mulut
kitindamlo

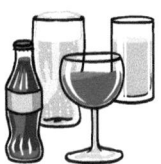

minuman
vinywaji

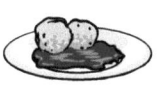

makanan
chakula

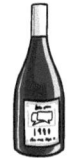

botol
chupa

makanan segera

chakula cha haraka

makanan jalanan

Streetfood

teko

buli

mangkuk gula

kisanduku cha sukari

bahagian

sehemu

mesin espreso

mashine ya espresso

kerusi tinggi

kiti kirefu

bil

muswada

dulang

trei

pisau

kisu

garfu

uma

sudu

kijiko

sudu teh

kijiko cha chai

serviette

nepi

gelas

glasi

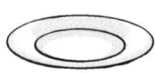

pinggan

sahani

mangkuk sup

sahani ya supu

piring

sufuria

sos

mchuzi

tempat garam

kichanyaji chumvi

pengisar lada

kinu cha pilipili

cuka

siki

minyak

mafuta

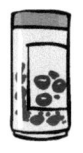

rempah

viungo

sos

kechapu

mustard

haradali

mayones

kachumbari nzito

pasar raya

dukakuu

tawaran istimewa
ofa maalum
FOR
pelanggan
mteja
tenusu
maziwa
buah-buahan
matunda
troli
toroli

BUTCHERS

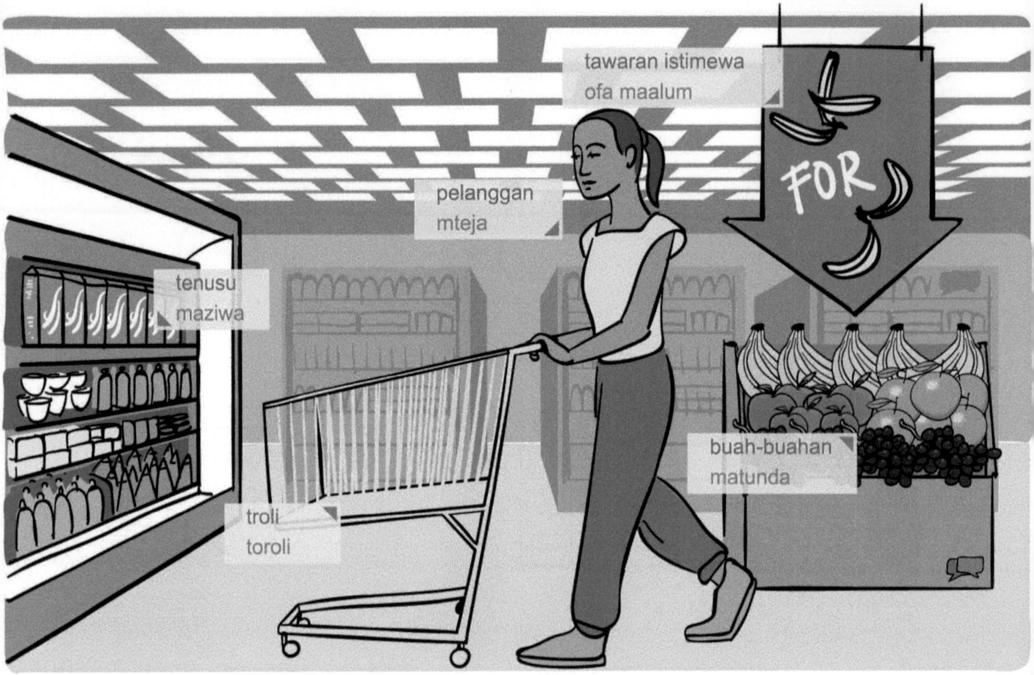

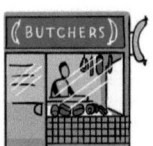

tukang daging

mchinjaji

BAKERY

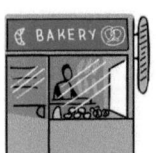

kedai roti

mwokaji

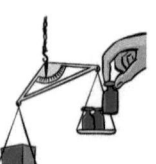

berat

uzito

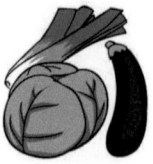

sayur-sayuran

mboga

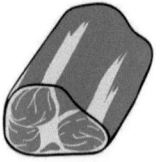

daging

nyama

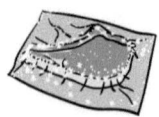

makanan sejuk beku

chakula waliohifadhiwa

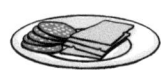

daging sejuk

vipande vya nyama baridi

makanan dalam tin

chakula cha kopo

serbuk pencuci

sabuni ya unga

gula-gula

pipi

produk isi rumah

bidhaa za kaya

produk pembersihan

bidhaa za kusafisha

orang jualan

mtu mauzo

daftar tunai

mpaka

juruwang

keshia

senarai membeli-belah

orodha ya manunuzi

waktu pembukaan

masaa ya ufunguzi

beg duit

mkoba

kad kredit

kadi

beg

mfuko

beg plastik

mfuko wa plastiki

air

maji

jus

sharubati

susu

maziwa

kola

coke

wain

mvinyo

bir

bia

alkohol

pombe

koko

kakao

the

chai

kopi

kahawa

espreso

spreso

kapucino

kapuchino

pisang

ndizi

epal

tufaha

oren

machungwa

tembikai

tikiti

lemon

lemon

lobak merah

karoti

bawang putih

kitunguu saumu

buluh

mianzi

bawang

kitunguu

cendawan

uyoga

kacang

karanga

mi

nudo

spageti

spageti

nasi

mpunga

salad

saladi

kerepek

vibanzi

kentang goreng

viazi vya kukaanga

piza

piza

hamburger

hambaga

sandwic

sandwichi

kutlet

kipande

ham

paja la mnyama

salami

salami

sosej

soseji

ayam

kuku

panggang

choma

ikan

samaki

bubur oat

oats ya uji

muesli

muesli

emping jagung

cornflakes

tepung

unga

kroisan

kroisanti

roti roll

andazi

roti

mkate

roti bakar

mkate wa kubanika

biskut

biskuti

mentega

siagi

dadih

maziwa mgando

kek

keki

telur

yai

telur goreng

yai kukaanga

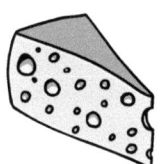

keju

jibini

makanan - chakula

ais krim

aiskrimu

gula

sukari

madu

asali

jem

jemu

krim nougat

kuenea kwa chokoleti

kari

mchuzi wa viungo

ladang
shamba

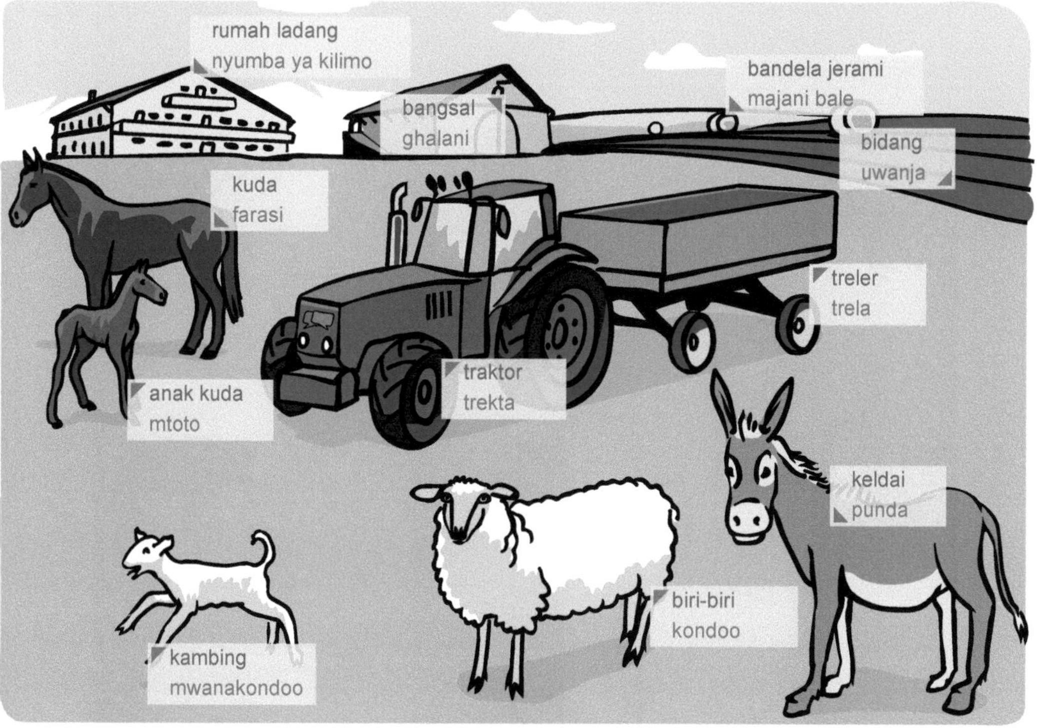

rumah ladang
nyumba ya kilimo
bangsal
ghalani
bandela jerami
majani bale
bidang
uwanja
kuda
farasi
treler
trela
traktor
trekta
anak kuda
mtoto
keldai
punda
biri-biri
kondoo
kambing
mwanakondoo

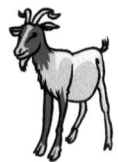

kambing
mbuzi

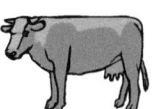

lembu
ng'ombe

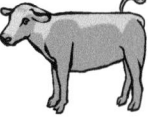

anak lembu
ndama

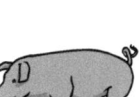

babi
nguruwe

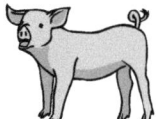

anak babi
mwananguruwe

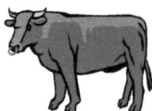

lembu
fahali

angsa

batabukini

itik

bata

anak ayam

kifaranga

ayam betina

kuku

ayam jantan muda

jogoo

tikus

panya

kucing

paka

tikus

panya

lembu jantan

ng'ombe

anjing

mbwa

rumah anjing

nyumba ya mbwa

hos taman

bomba la bustani

bekas siraman

debe la kumwagilia maji

sabit

fyekeo

bajak

kulima

sabit
mundu

cangkul
jembe

serampang peladang
uma wa nyasi

kapak
shoka

kereta sorong
toroli

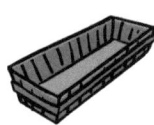

palung
kupitia nyimbo

tin susu
chombo cha maziwa

karung
gunia

pagar
ua

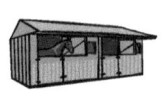

stabil
imara

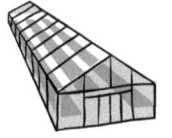

rumah hijau
chafu

tanah
udongo

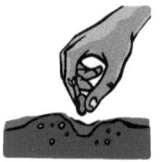

benih
mbegu

baja
mbolea

jentuai
kivunaji

ladang - shamba

tuai

mavuno

menuai

mavuno

keladi

viazi vikuu

gandum

ngano

soya

soya

kentang

viazi

jagung

mahindi

biji sawi

rapa

pokok buah-buahan

mti wa matunda

ubi kayu

muhogo

bijirin

nafaka

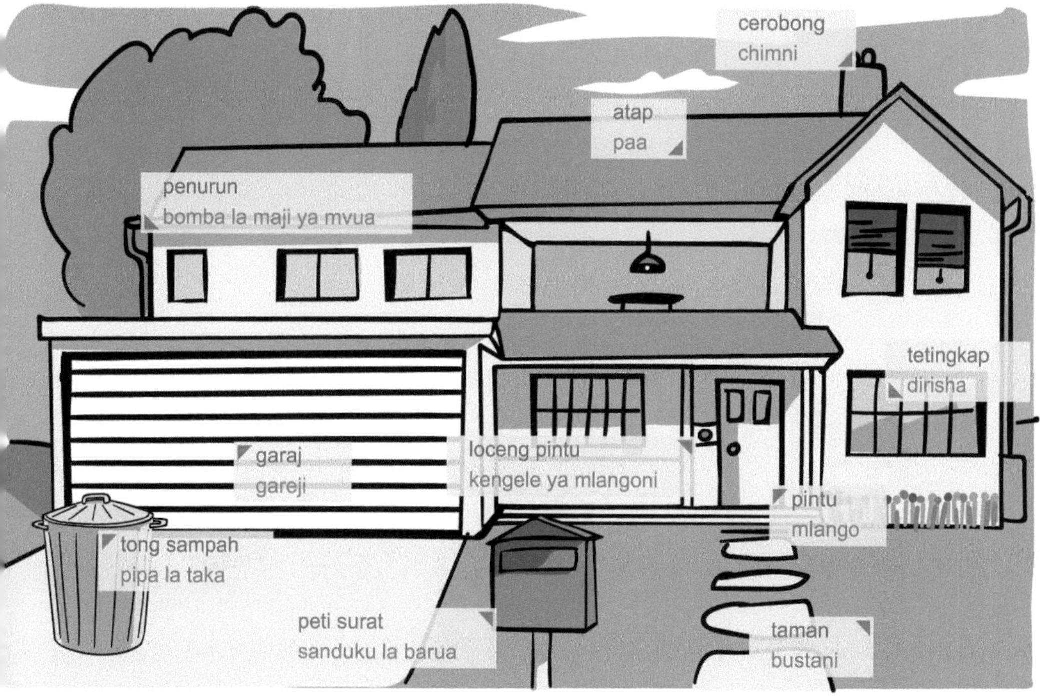

cerobong
chimni

atap
paa

penurun
bomba la maji ya mvua

tetingkap
dirisha

garaj
gareji

loceng pintu
kengele ya mlangoni

pintu
mlango

tong sampah
pipa la taka

peti surat
sanduku la barua

taman
bustani

ruang tamu

sebuleni

bilik air

bafu

dapur

jikoni

bilik tidur

chumba cha kulala

bilik kanak-kanak

chumba ya mtoto

ruang makan

chumba cha kulia

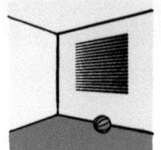

lantai

sakafu

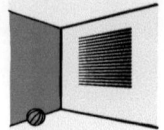

dinding

ukuta

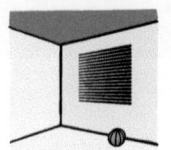

siling

dari

bilik bawah tanah

pishi

sauna

sauna

balkoni

roshani

teres

mtaro

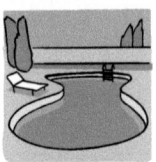

kolam renang

kidimbwi

pemotong rumput

mashine ya kukata nyasi

lembaran

karatasi

penutup tilam

kitambaa cha kupamba
kitanda

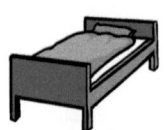

katil

kitanda

penyapu

ufagio

timba

ndoo

suis

kubadili

ruang tamu
sebuleni

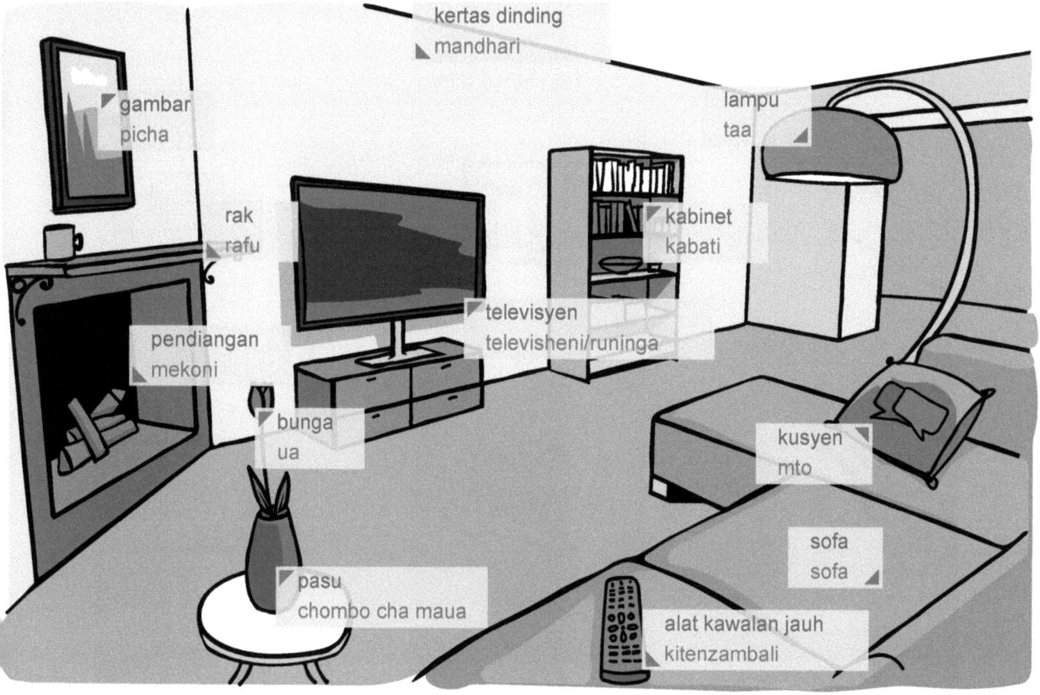

kertas dinding
mandhari
gambar
picha
lampu
taa
rak
rafu
kabinet
kabati
televisyen
televisheni/runinga
pendiangan
mekoni
bunga
ua
kusyen
mto
sofa
sofa
pasu
chombo cha maua
alat kawalan jauh
kitenzambali

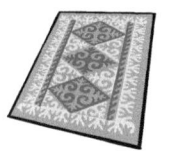

permaidani

zulia

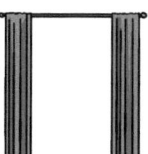

tirai

pazia

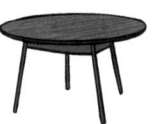

meja

meza

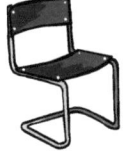

kerusi

kiti

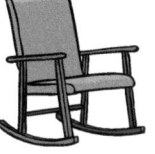

kerusi malas

kiti cha bembea

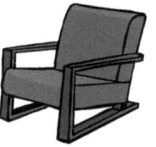

kerusi

armchair

buku

kitabu

selimut

blanketi

hiasan

mapambo

kayu api

kuni

filem

filamu

hi-fi

kifaa cha hi-fi

kunci

ufunguo

akhbar

gazeti

lukisan

uchoraji

poster

bango

radio

redio

buku catatan

daftari

penyedut habuk

kifyonza

kaktus

dungusi kakati

lilin

mshumaa

dapur
jikoni

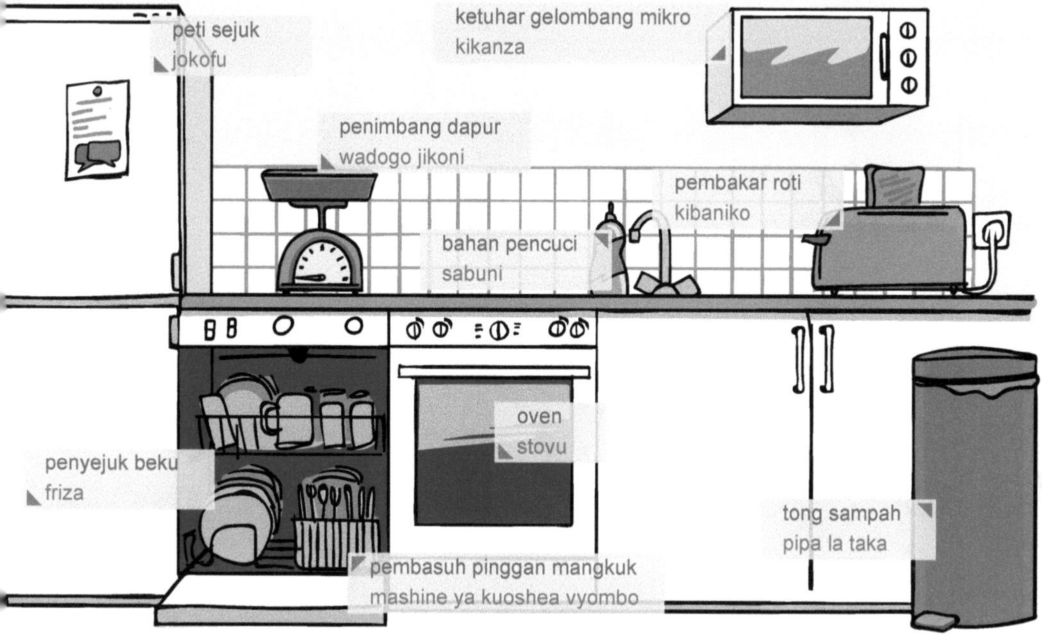
peti sejuk
jokofu
ketuhar gelombang mikro
kikanza
penimbang dapur
wadogo jikoni
pembakar roti
kibaniko
bahan pencuci
sabuni
oven
stovu
penyejuk beku
friza
tong sampah
pipa la taka
pembasuh pinggan mangkuk
mashine ya kuoshea vyombo

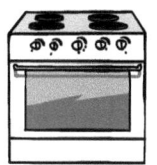

periuk dapur

jiko la kupika

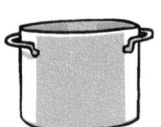

periuk

chungu

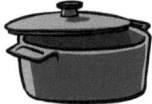

periuk besi

sufuria ya chuma

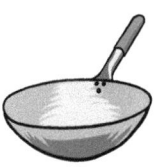

kuali

wok / kadai

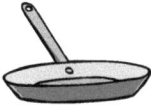

pan

kaango

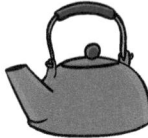

cerek

birika

pengukus

stima

dulang pembakar

sinia ya kuoka

pinggan mangkuk

vyombo vya udongo

koleh

kombe

mangkuk

bakuli

penyepit

vijiti vya kulia

senduk

ukawa

spatula

mwiko mpana

pengadun

burashi

penapis

kichujio

ayak

chujio

pemarut

mbuzi

mortar

chokaa

barbeku

barbeque

pembakaran terbuka

moto wazi

dapur - jikoni

papan pencincang

ubao wa majaribio

pin golekan

kijiti cha kusukuma unga

skru gabus

kizibuo

tin

kopo

pembuka tin

inaweza kopo

pemegang periuk

kishikio cha chungu

sinki

karo

berus

brashi

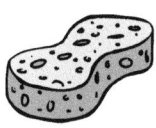

span

sifongo

pengisar

kisagaji matunda

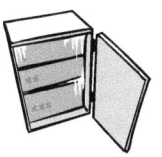

penyejuk beku

friji ya kina

botol bayi

chupa ya mtoto

paip

bomba

bilik air

bafu

mandi
mfereji wa kuogea
pemanasan
joto
tuala
taulo
tirai mandi
pazia la kuogea
mandi buih
maji ya kuoga yenye povu
tab mandi
hodhi
gelas
glasi
mesin basuh
mashine ya kuosha
paip
bomba
jubin
vigae
tandas
poti
sinki
karo

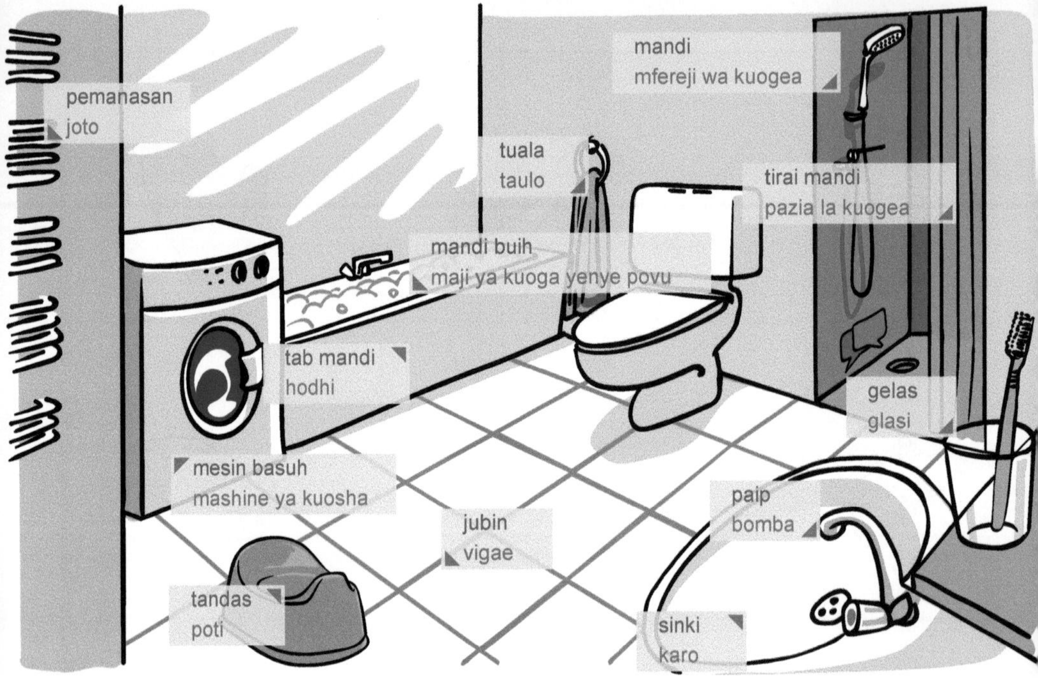

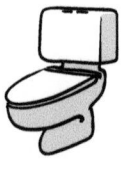

tandas

choo

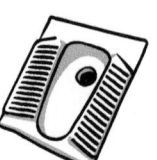

tandas mencangkung

choo cha squat

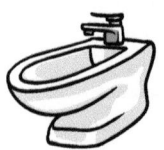

mangkuk tandas

beseni la mviringo

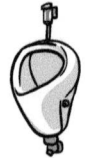

tandas awam

choo cha umma

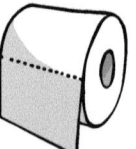

kertas tandas

shashi

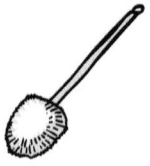

berus tandas

brashi ya choo

		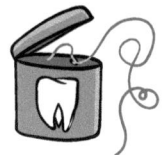
berus gigi	ubat gigi	flos gigi
mswaki	dawa ya meno	dawa ya meno

cuci	mandian tangan	pancuran
safisha	kuoga mkono	msukumo wa maji

besen	belakang berus	sabun
bonde	mpako wa pili	sabuni

gel mandian	syampu	flanel
jeli ya kuogea	shampuu	flana

longkang	krim	deodoran
toa maji	krimu	kiondoa harufu

cermin

kioo

cermin tangan

kioo mkono

pisau cukur

kinyozi

busa cukur

povu la kunyoa

selepas cukur

baada ya kunyoa

sikat

kichana

berus

brashi

pengering rambut

kikausha nywele

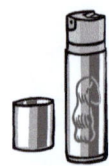

semburan rambut

marashi ya nyewele

mekap

vipodozi

gincu

kidomwa

varnis kuku

varnish ya msumari

bulu kapas

pamba

gunting kuku

mkasi wa kucha

pewangi

manukato

beg basuhan

mkoba wa kuosha

bangku

kinyesi

skala berat

mizani

jubah mandi

nguo ya kuoga

sarung tangan getah

glavu za mpira

kapas

kisodo

tuala wanita

sodo

tandas kimia

kemikali choo

bilik kanak-kanak
chumba ya mtoto

jam loceng
saa ya kengele
mainan kegemaran
kidoli cha kupakata
kereta mainan
gari bandia
kerincing bayi
kelele
rumah anak patung
chumba cha midoli
hadiah
sasa

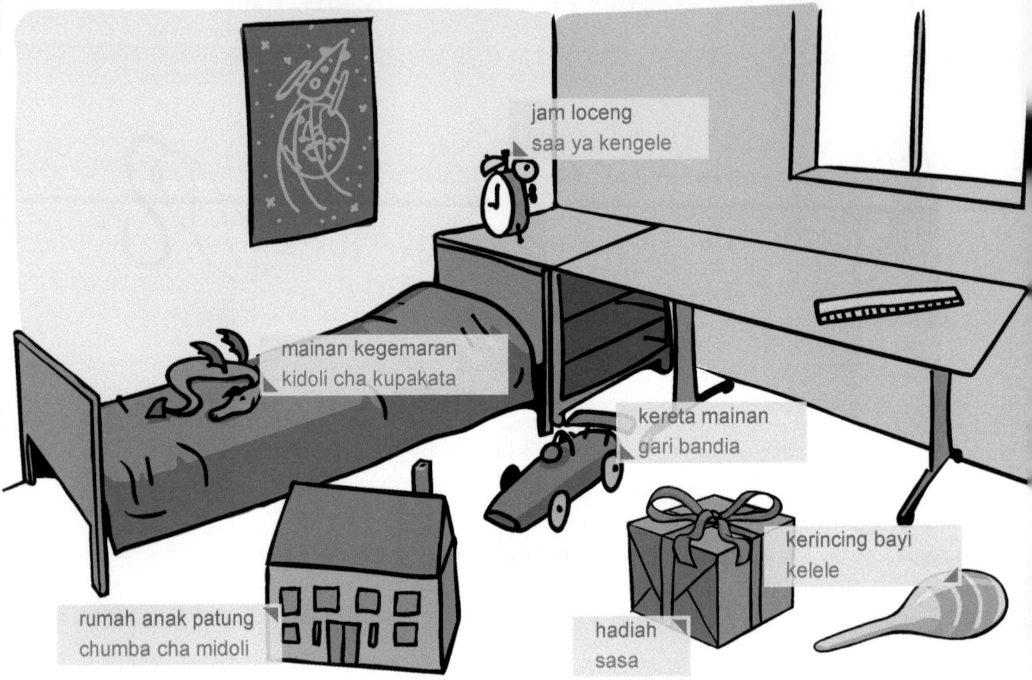

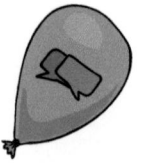

belon
baluni

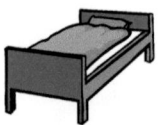

katil
kitanda

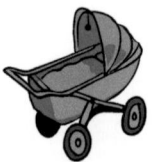

kereta sorong bayi
mashua

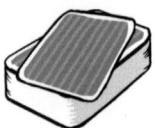

set kad
staha ya kadi

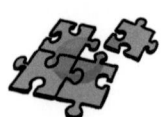

susun suai gambar
mchezo-fumb

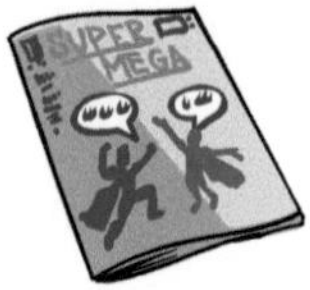

komik
vichekesho

batu bata lego

matofali lego

blok mainan

vitalu mwigo

figura aksi

hatua takwimu

baju bayi

suti ya kulalia

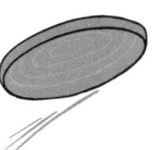

frisbee

kisahani

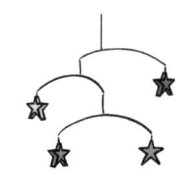

mainan bayi mudah alih

simu

permainan papan

ubao wa michezo

dadu

kete

set model kereta api

garimoshi mwigo

palsu

dummy

parti

chama

buku bergambar

picha kitabu

bola

mpira

anak patung

kikaragosi

main

kucheza

lubang pasir

shimo la mchanga

buai

bembea

mainan

vitu bandia

konsol permainan video

kiweko cha video ya mchezo

basikal roda tiga

baiskeli ya magurudumu

anak patung beruang

mwanasesere

matatu

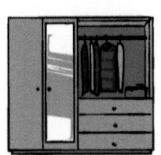

almari pakaian

kabati

pakaian

nguo

stoking

soksi

stoking

stokingi

ketat

kibano

skarf
skafu

payung
mwavuli

kemeja-t
fulana

g/keselamatan

but
viatu

selipar
ndara

kasut sukan
wakufunzi

sandal
malapa

kasut
viatu

but getah
mabuti ya mpira

seluar dalam
suruali ya ndani

coli
sidiria

ves
fulana

badan
....
mwili

Seluar panjang
....
suruali

jean
....
dangirizi

skirt
....
sketi

blaus
....
blauzi

kemeja
....
shati

baju panas sarung
....
vuta

sweater
....
sweta

blazer
....
bleza

jaket
....
jaketi

kot
....
koti

baju hujan
....
koti la mvua

kostum
....
maleba

pakaian
....
gauni

baju pengantin
....
mavazi ya harusi

sut

suti

baju tidur

vazi la usiku

baju tidur

pajama

sari

sari

skarf kepala

skafu

serban

kilemba

burqa

burka

kaftan

kaftan

abaya/jubah

abaya

baju renang

vazi la kuogelea

seluar renang

vazi la kiume la kuogelea

seluar pendek

kaptura

sut balapan

teitei

apron

aproni

sarung tangan

glavu

butang

kifungo

cermin mata

glasi

gelang tangan

bangili

rantai leher

mkufu

cincin

pete

subang

herini

topi

kofia

penyangkut kot

kiango cha koti

topi

kofia

tali leher

tai

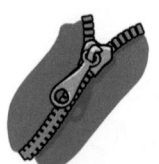

zip

zipu

topi keledar

kofia

pendakap

kanda za suruali

uniform sekolah

sare za shule

seragam

sare

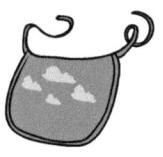

lapik dada

bibu

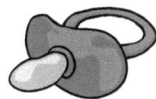

palsu

dummy

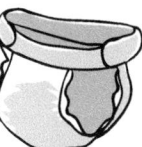

lampin

nepi

pejabat
ofisi

pelayan
seva
kabinet fail
kabati la kuweka faili
mesin pencetak
kichapishaji
kertas
karatasi
monitor
kiwambo
tetikus
kipanya
meja
dawati
folder
folda
papan kekunci
kibodi
ul sampah
pu cha kuweka karatasi chafu
komputer
kompyuta
kerusi
kiti

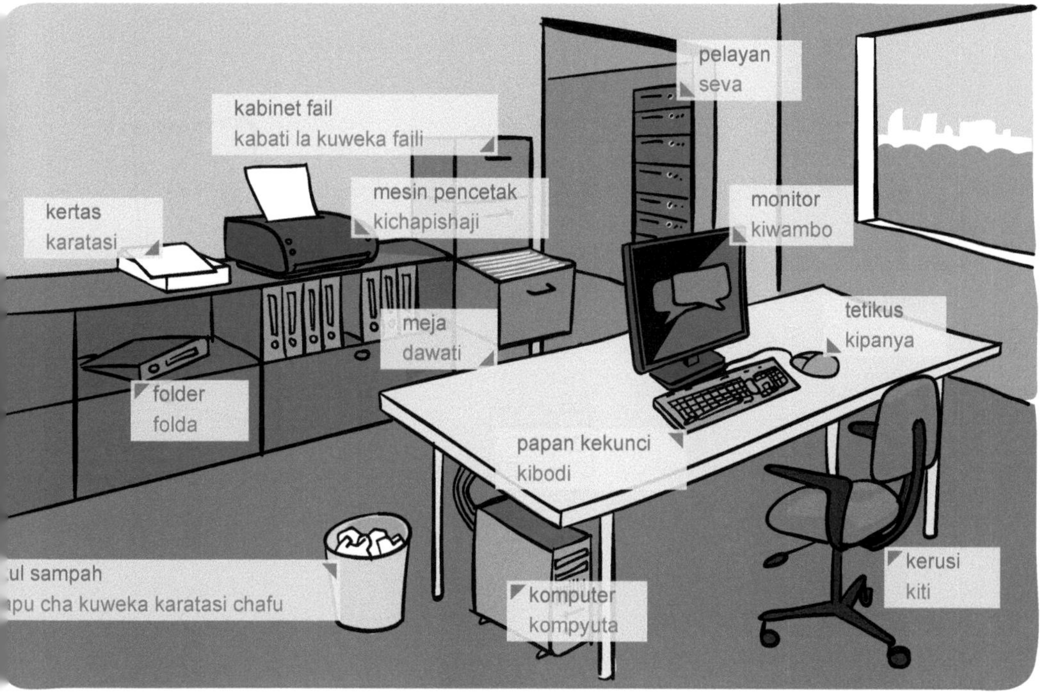

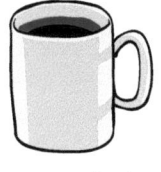

cawan kopi

kmobe la kahawa

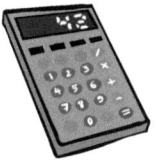

kalkulator

kikokotoo

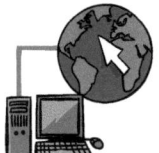

internet

biashara

komputer riba

mbali

surat

barua

mesej

ujumbe

mudah alih

rununu

rangkaian

intaneti

mesin fotokopi

fotokopia

perisian

programu

telefon

simu

soket plag

soketi

mesin faks

kipepesi

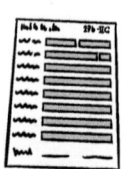

bentuk

fomu

dokumen

hati

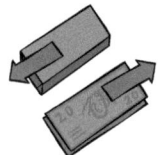

beli

kununua

bayar

kulipa

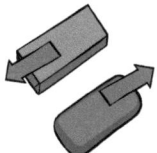

berdagang

biashara

wang

fedha

dolar

dola

euro

yuro

yen

yeni

rubel

rouble

franc swiss

faranga ya Uswisi

renminbi yuan

renminbi yuan

rupee

rupia

mata tunai

eneo la kulipia

pejabat tukaran mata wang

ofisi ya ubadilishanaji

emas

dhahabu

perak

fedha

minyak

mafuta

tenaga

nishati

harga

bei

kontrak

mkataba

cukai

kodi

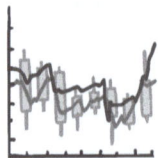

stok

bidhaa

kerja

kazi

pekerja

mfanyakazi

majikan

mwajiri

kilang

kiwanda

kedai

duka

pegawai polis
afisa wa polisi

ahli bomba
mzimamoto

tukang masak
mpishi

doktor
daktari

juruterbang
rubani

tukang kebun

mtunza bustani

tukang kayu

seremala

tukang jahit

mshonaji

hakim

hakimu

ahli kimia

mwanakemia

pelakon

muigizaji

pemandu bas

dereva wa basi

pemandu teksi

dereva wa teksi

nelayan

mvuvi

wanita pencuci

mwanamke wa kusafisha

kasau

mwezekaji

pelayan

mhudumu

pemburu

mwindaji

pelukis

mchoraji

bakeri

mwokaji

juruelektrik

umeme

pembangun

mjenzi

jurutera

mhandisi

penjual daging

mchinjaji

tukang paip

fundi bomba

posmen

mwanaposta

askar

mwanajeshi

arkitek

msanifu majengo

juruwang

keshia

kedai bunga

muuza maua

pendandan rambut

msusi

konduktor

kondakta

mekanik

mekanika

kapten

nahodha

doktor gigi

daktari wa meno

ahli sains

mwanasayansi

tuhanku

rabbi

imam

imamu

sami

mtawa

paderi

kasisi

alat

zana

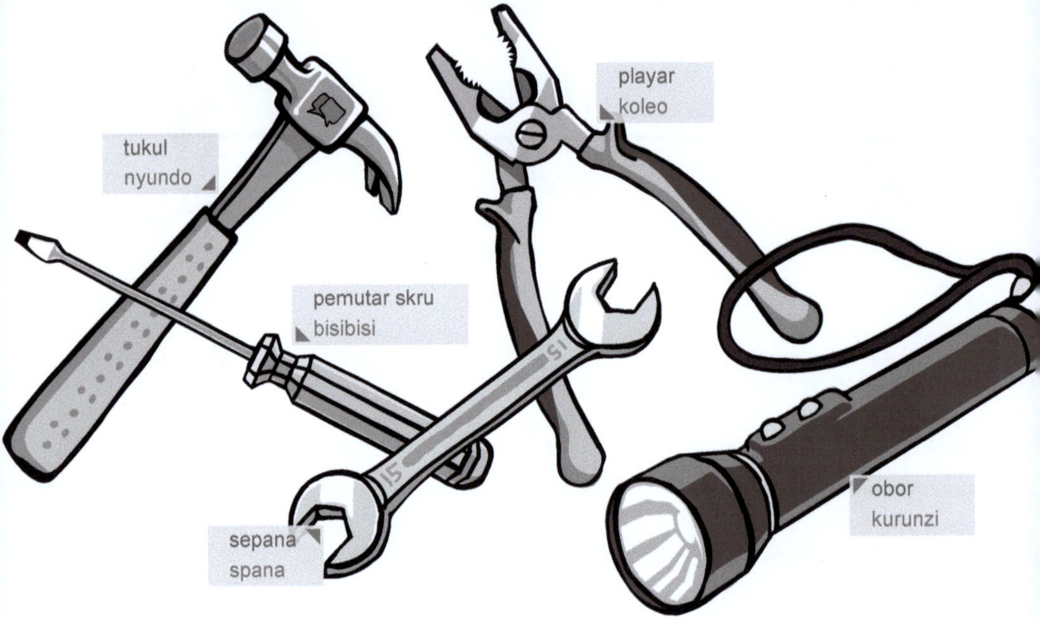

tukul
nyundo
playar
koleo
pemutar skru
bisibisi
sepana
spana
obor
kurunzi

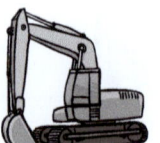

pengorek

mchimbaji

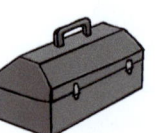

kotak peralatan

sanduku la vifaa

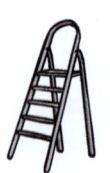

tangga

ngazi

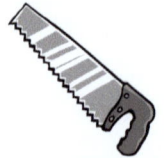

gergaji

msumeno

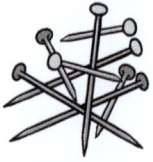

kuku

misumari

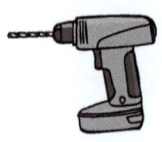

gerudi

kuchimba visima

baiki	penyodok	Celaka!
kukarabati	sepetu	Lo!

penadah sampah	periuk cat	skru
kishikio cha uchafu	chungu cha rangi	skurubu

alat muzik
ala za muziki

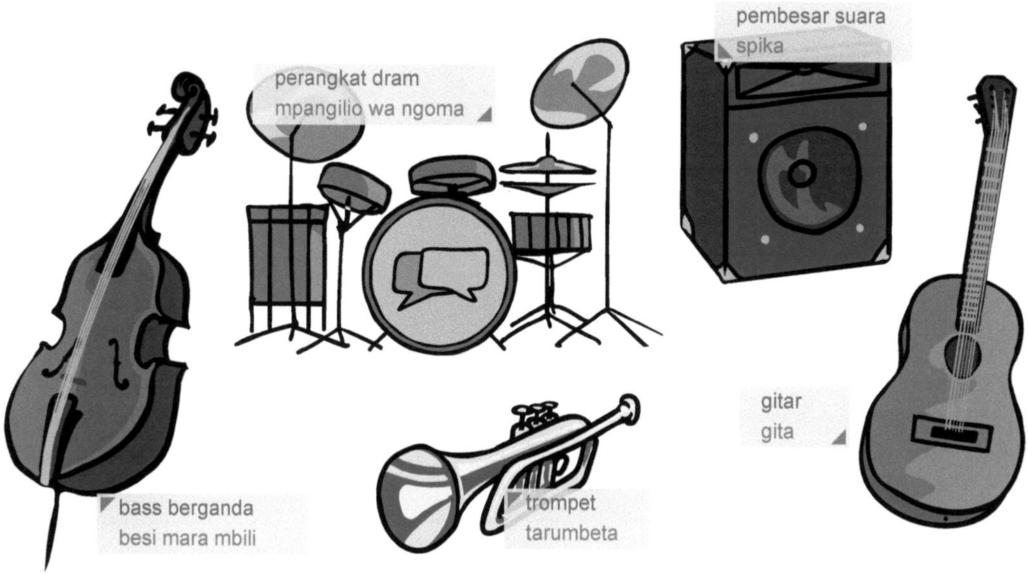

perangkat dram
mpangilio wa ngoma

pembesar suara
spika

bass berganda
besi mara mbili

trompet
tarumbeta

gitar
gita

piano

piano

biola

fidla

bass

ubeji

timpani

timpani

dram

ngoma

papan kekunci

kibodi

saksofon

saksafoni

seruling

filimbi

mikrofon

maikrofoni

bustani ya wanyama

pintu masuk
lango la kuingia

harimau
simbamarara

sangkar
ngome

zebra
pundamilia

makanan haiwan
chakula cha mifugo

panda
panda

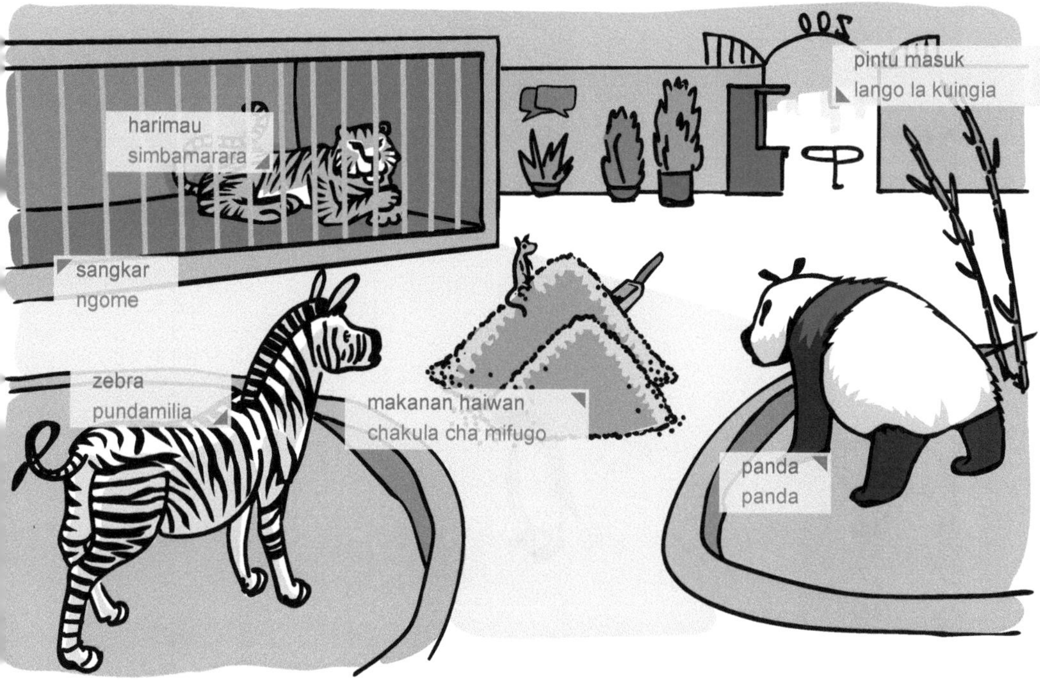

haiwan
....
wanyama

gajah
....
tembo

kanggaru
....
kangaruu

badak sumbu
....
kifaru

gorila
....
sokwe

beruang
....
dubu

unta

ngamia

burung unta

mbuni

singa

simba

monyet

tumbili

flamingo

heroe

nuri

kasuku

beruang kutub

dubu

penguin

penguini

yu

papa

merak

tausi

ular

nyoka

buaya

mamba

penjaga zoo

mtunza wanyama

anjing laut

muhuri

jaguar

jaguar

zoo - bustani ya wanyama

kuda

mwanafarasi

harimau

chui

badak air

kiboko

zirafah

twiga

helang

tai

babi jantan

nguruwe mwitu

ikan

samaki

penyu

kobe

anjing laut

sili

musang

mbweha

rusa

paa

bola sepak Amerika
soka ya marekani

berbasikal
uendeshaji baiskeli

tenis
tenisi

bola keranjang
mpira wa kikapu

renang
kuogelea

hoki ais
magongo ya barafuni

tinju
ndondi

bola sepak	badminton	olahraga
soka	vinyoya	riadha
bola baling	ski	polo
mpira wa mikono	skii	polo

lompat
kuruka

ketawa
cheka

peluk
kumbatia

berjalan
kutembea

menyanyi
kuimba

mimpi
ota ndoto

berdoa
kuomba

cium
busu

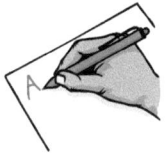

tulis
kuandika

lukis
kuteka

tunjuk
angalia

tolak
sukuma

beri
kutoa

ambil
kuchukua

ada

kuwa

buat

fanya

ialah

kuwa

berdiri

kusimama

lari

kukimbia

tarik

vuta

buang

kutupa

jatuh

kuanguka

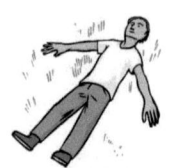

tipu

hadaa

tunggu

kusubiri

bawa

kubeba

duduk

kukaa

pakai

vaa nguo

tidur

usingizi

bangkit

kuamka

lihat pada

kuangalia

menangis

lia

strok

kiharusi

sikat

chana nywele

cakap

ongea

faham

kuelewa

tanya

kuuliza

dengar

kusikiliza

minum

kunywa

makan

kula

mengemas

nadhifisha

sayang

upendo

masak

mpishi

pandu

gari

terbang

kuruka

belayar

meli

kira

kokotoa

baca

kusoma

belajar

kujifunza

kerja

kazi

nikah

kuoa

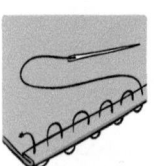

jahit

kushona

memberus gigi

piga mswaki

bunuh

kuua

asap

moshi

hantar

kutuma

nenek
bibi

bayi
mtoto

datuk
babu

ibu
mama

bapa
baba

anak perempuan
binti

anak lelaki
bin

tetamu
mgeni

mak cik
shangazi

pak cik
mjomba

abang
kaka

kakak
dada

badan

mwili

dahi
paji la uso
mata
jicho
bahu
bega
jari
kidole
muka
uso
dagu
kidevu
tangan
mkono
kaki
mguu
dada
matiti
lengan
mkono

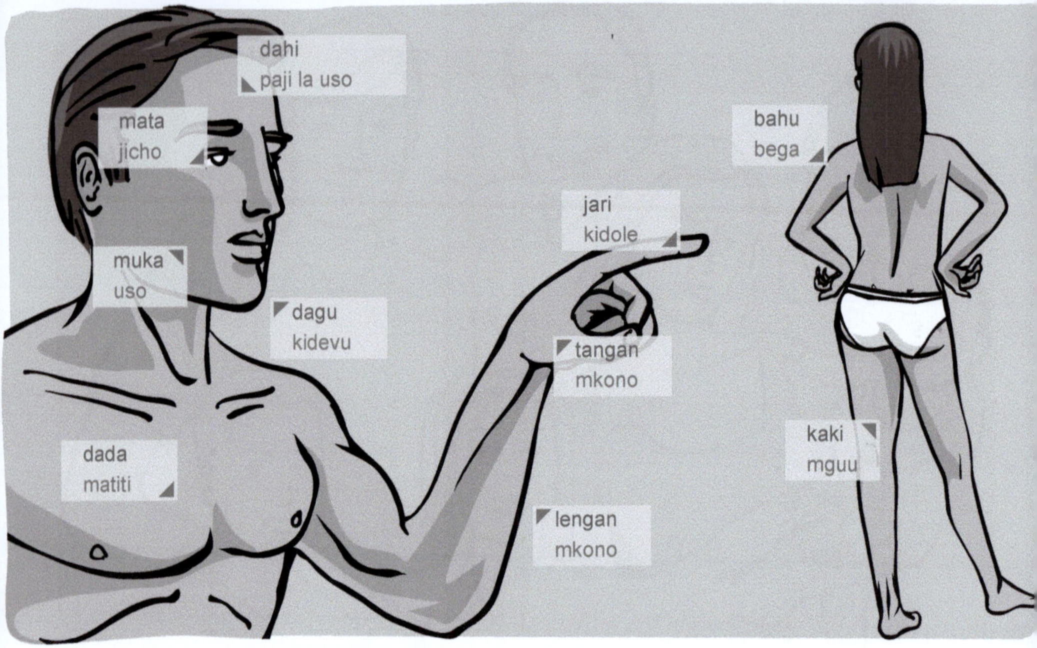

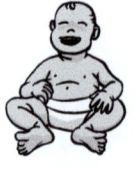

bayi

mtoto

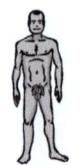

lelaki

mwanamume

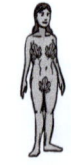

wanita

mwanamke

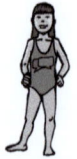

perempuan

msichana

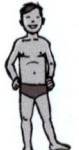

lelaki

mvulana

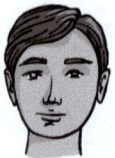

kepala

kichwa

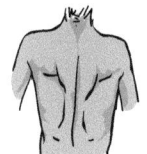

belakang

nyuma

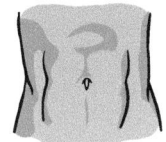

bawah perut

tumbo

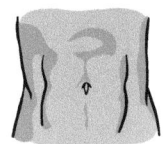

pusat

kitovu

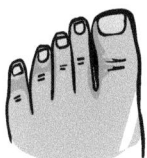

jari kaki

chano

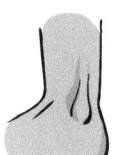

tumit

kisigino

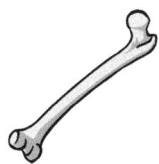

tulang

mfupa

pinggul

nyonga

lutut

goti

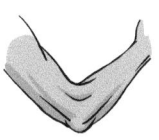

siku

kiwiko

hidung

pua

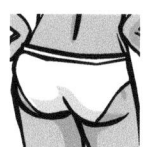

bawah

chini

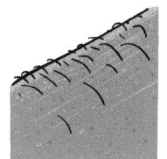

kulit

ngozi

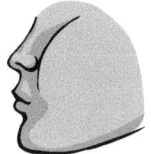

pipi

shavu

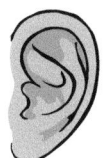

telinga

sikio

bibir

mdomo

badan - mwili

mulut

kinywa

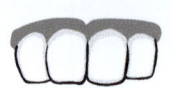

gigi

jino

lidah

ulimi

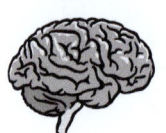

otak

ubongo

hati

moyo

otot

misuli

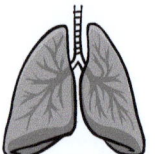

paru-paru

pafu

hati

ini

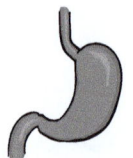

perut

tumbo

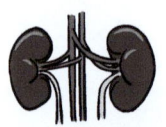

buah pinggang

figo

seks

jinsia

kondom

kondomu

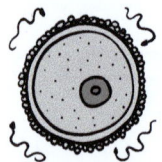

faraj

ovari

mani

shahawa

mengandung

mimba

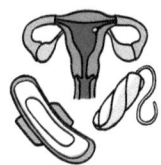

haid

hedhi

faraj

uke

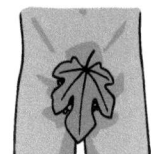

penis

uume

kening

unyusi

rambut

nywele

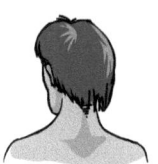

leher

shingo

hospital
hospitali

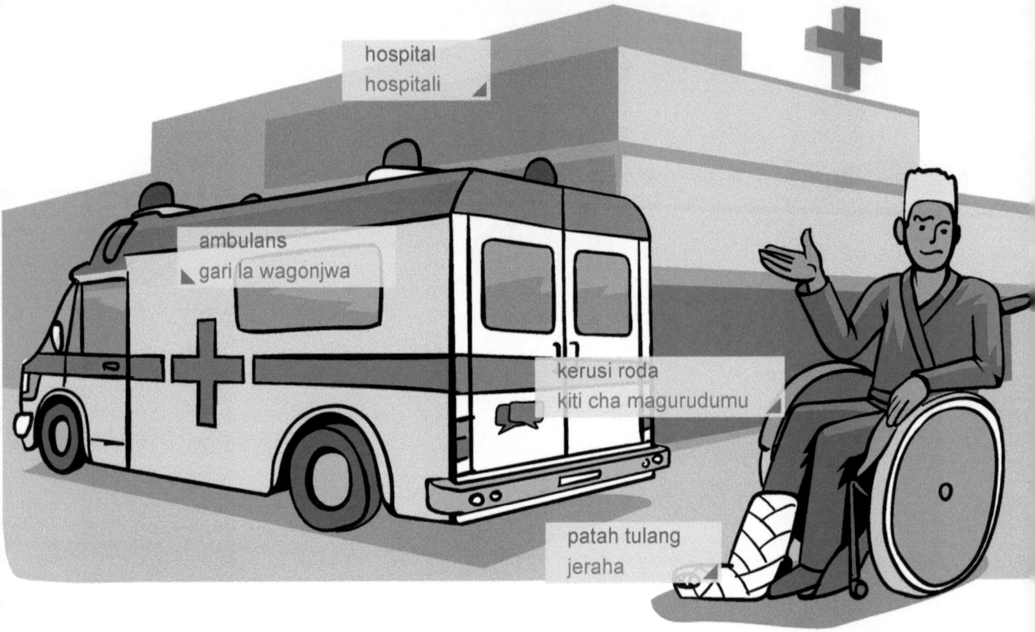

hospital
hospitali
ambulans
gari la wagonjwa
kerusi roda
kiti cha magurudumu
patah tulang
jeraha

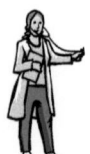

doktor

daktari

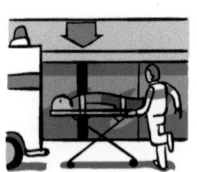

bilik kecemasan

chumba cha dharura

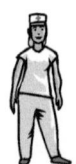

jururawat

muuguzi

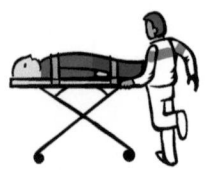

kecemasan

dharura

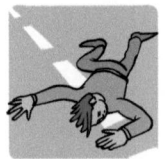

tak sedar

kupoteza fahamu

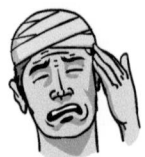

sakit

maumivu

kecederaan

kuumia

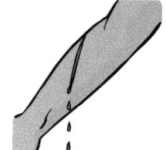

pendarahan

kutokwa na damu

serangan jantung

mshtuko wa moyo

strok

kiharusi

alergi

mzio

batuk

kikohozi

demam

homa

selesema

mafua

cirit-birit

kuharisha

sakit kepala

maumivu ya kichwa

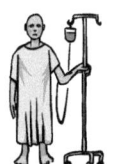

kanser

kansa

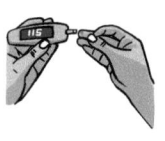

diabetes

ugonjwa wa kisukari

pakar bedah

daktari mpasuaji

pisau bedah

kisu kidogo cha kupasulia

pembedahan

operesheni

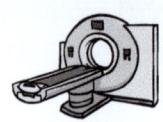

CT

picha changanufu ya mwili

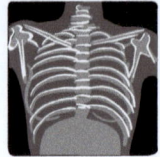

x-ray

Eksrei

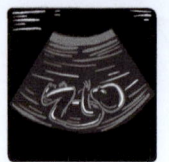

ultrabunyi

mawimbi sauti

topeng muka

barakoa ya uso

penyakit

ugonjwa

bilik menunggu

chumba cha kusubiri

penongkat

mkongojo

plaster

plasta

pembalut

bendeji

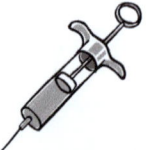

suntikan

sindano

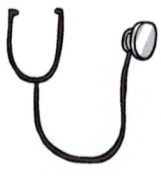

stetoskop

stetoskopu

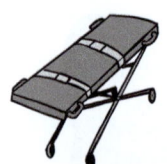

pengusung

machela

termometer klinik

kipimajoto cha kliniki

kelahiran

kuzaliwa

berat badan berlebihan

unene kupita kiasi

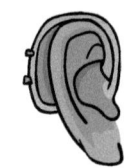

alat pendengaran

kusikia misaada

disinfektan

kipukusi

jangkitan

maambukizi

virus

virusi

HIV / AIDS

VVU / UKIMWI

perubatan

dawa

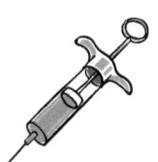

vaksinasi

chanjo

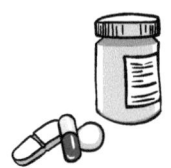

tablet

vidonge

pil

kidonge

panggilan kecemasan

simu ya dharura

pantau tekanan darah

haemodainamometa

sakit / sihat

mgonjwa / mwenye afya

Tolong!

....

Msaada!

penggera

....

kengele

serang

....

pigo

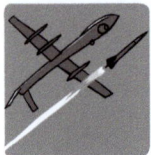

serangan

....

shambulizi

bahaya

....

hatari

pintu kecemasan

....

lango la dharura

Api!

....

Moto!

alat pemadam api

....

kizima moto

kemalangan

....

ajali

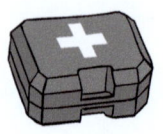

alat pertolongan cemas

....

vifaa vya huduma ya
kwanza

SOS

....

wito wa msaada

polis

....

polisi

Eropah

Ulaya

Amerika Utara

Amerika ya Kaskazini

Amerika Selatan

Amerika ya Kusini

Afrika

Afrika

Asia

Asia

Australia

Australia

Atlantic

Atlantiki

Pasifik

Pasifiki

Lautan Hindi

Bahari ya Hindi

Lautan Antartik

Bahari ya Antaktiki

Lautan Artik

Bahari ya Aktiki

Kutub utara

Ncha ya Kaskazini

Kutub Selatan

Ncha ya Kusini

Antartika

Antaktika

bumi

dunia

tanah

nchi

laut

bahari

pulau

kisiwa

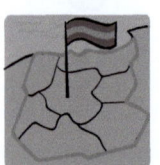

negara

taifa

negeri

jimbo

muka jam

uso wa saa

tangan jam

akrabu ya saa

tangan minit

akrabu ya dakika

terpakai

akrabu ya sekunde

Jam berapa sekarang

Ni saa ngapi?

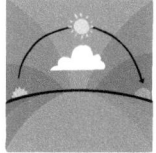

hari

siku

masa

wakati

sekarang

sasa

jam digital

saa ya dijitali

minit

dakika

jam

saa

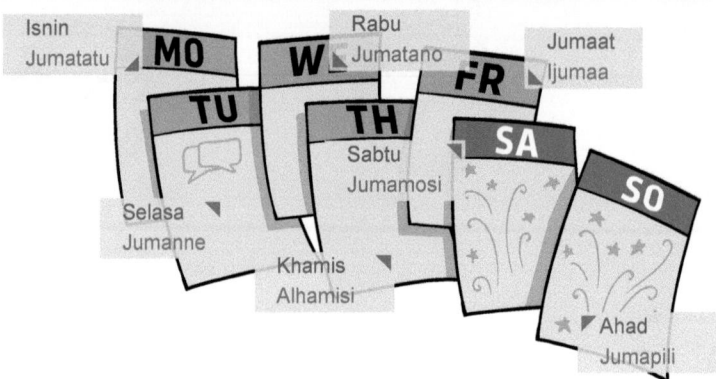

Isnin
Jumatatu

Rabu
Jumatano

Jumaat
Ijumaa

Selasa
Jumanne

Khamis
Alhamisi

Sabtu
Jumamosi

Ahad
Jumapili

semalam

jana

hari ini

leo

esok

kesho

pagi

asubuhi

tengah hari

saa sita mchana

petang

jioni

MO	TU	WE	TH	FR	SA	SU
1	2	3	4	5	6	7
8	9	10	11	12	13	14
15	16	17	18	19	20	21
22	23	24	25	26	27	28
29	30	31	1	2	3	4

hari kerja

siku za biashara

MO	TU	WE	TH	FR	SA	SU
1	2	3	4	5	6	7
8	9	10	11	12	13	14
15	16	17	18	19	20	21
22	23	24	25	26	27	28
29	30	31	1	2	3	4

hari minggu

mwishoni mwa wiki

tahun
mwaka

hujan
mvua
pelangi
upinde wa mvua
angin
upepo
salji
theluji
musim bunga
majira ya machipuko
musim panas
kiangazi
musim luruh
vuli
musim salji
majira ya baridi

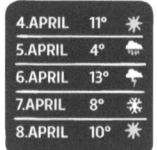

4.APRIL 11°
5.APRIL 4°
6.APRIL 13°
7.APRIL 8°
8.APRIL 10°

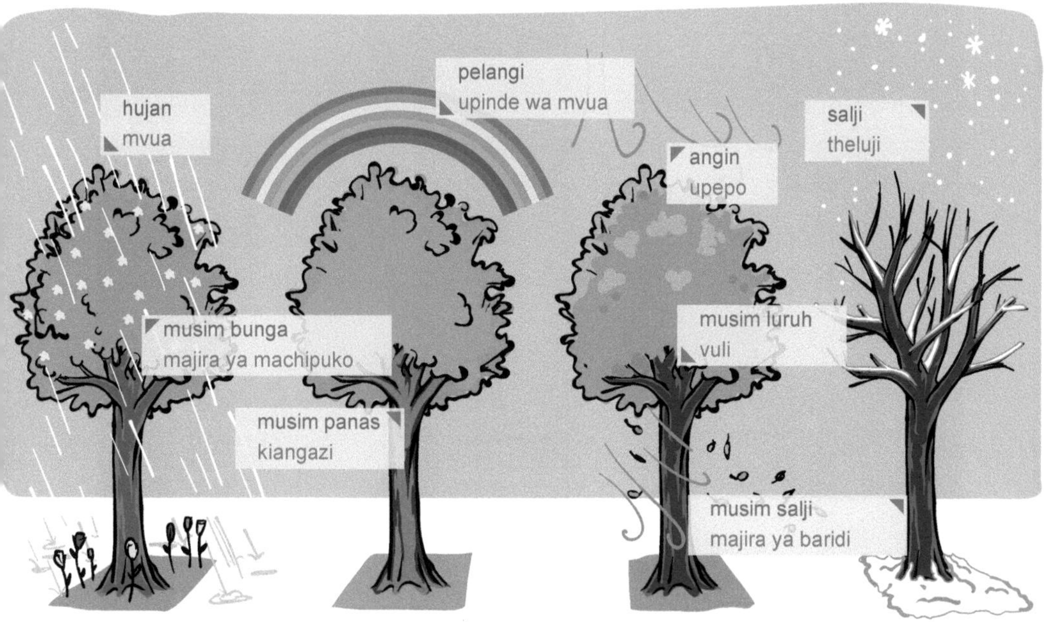

ramalan cuaca

utabiri wa hali ya hewa

F C
120 40
90 30
60 20
30 10
0 0
-30 -10
-20

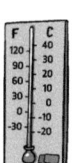

termometer

kipimajoto

sinar matahari

mwanga wa jua

awan

wingu

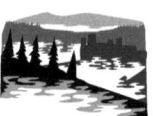

kabus

ukungu

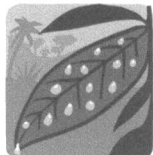

lembapan

unyevu

kilat

umeme

petir

radi

ribut

dhoruba

hujan batu

mvua ya mawe

monsun

monsuni

banjir

mafuriko

ais

barafu

Januari

Januari

Februari

Februari

Mac

Machi

April

Aprili

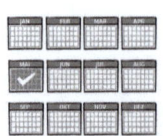

Mei

Mei

Jun

Juni

Julai

Julai

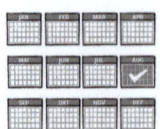

Ogos

Agosti

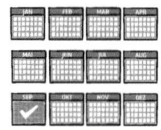

September
Septemba

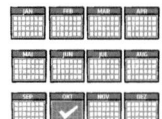

Oktober
Oktoba

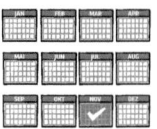

November
Novemba

Disember
Desemba

bentuk
maumbo

bulatan
mduara

petak
mraba

segi empat tepat
mstatili

segitiga
pembetatu

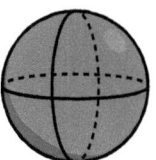

sfera
nyanja

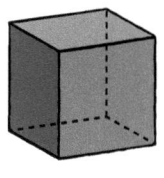

kiub
mchemraba

putih

nyeupe

kuning

manjano

oren

chungwa

merah jambu

rangi ya waridi

merah

nyekundu

ungu

hudhurungi

biru

bluu

hijau

kijani

coklat

hanja

kelabu

jivujivu

hitam

nyeusi

banyak / sedikit

mengi / kidogo

marah / tenang

hasira / pole

cantik / hodoh

nzuri / mbaya

bermula / tamat

mwanzo / mwisho

besar kecil

kubwa / ndogo

terang / gelap

angavu / giza

abang / kakak

kaka / dada

bersih / kotor

safi / chafu

lengkap / tidak lengkap

kamilika / tokamilika

hari / malam

siku / usiku

mati / hidup

wafu / hai

luas / sempit

pana / nyembamba

boleh dimakan / tidak boleh dimakan

kulika / kutolika

jahat / baik

ovu / ema

teruja / bosan

sisimkwa / udhika

gemuk / kurus

nene / nyembamba

pertama / terakhir

kwanza / mwisho

kawan / musuh

rafiki / adui

penuh / kosong

jaa / tupu

keras / lembut

ngumu / laini

berat / ringan

nzito / nyepesi

lapar / dahaga

njaa / kiu

sakit / sihat

mgonjwa / mwenye afya

menyalahi undang-undang / undang-undang

haramu / kisheria

pintar / bodoh

akili / kijinga

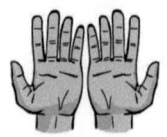

kiri / kanan

kushoto / kulia

dekat / jauh

karibu / mbali

berlawanan - kinyume

baru / lama

mpya / kutumika

tiada / sesuatu

kitu / jambo

tua / muda

zee / changa

hidup / mati

waka / zima

terbuka / tertutup

wazi / fungwa

diam / bising

utulivu / kelele

kaya / miskin

tajiri / masikini

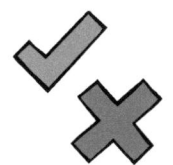

betul / salah

sahihi / kosa

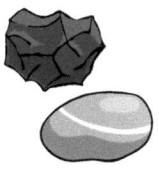

kasar / halus

mbaya / laini

sedih / gembira

huzunika / furahia

pendek / panjang

fupi /ndefu

lambat / laju

polepole / haraka

basah / kering

nyevu / kavu

panas / sejuk

joto / baridi

berperang / berdamai

vita / amani

nambari

0	1	2
sifar	satu	dua
sufuri	moja	mbili

3	4	5
tiga	empat	lima
tatu	nne	tano

6	7	8
enam	tujuh	lapan
sita	saba	nane

9	10	11
sembilan	sepuluh	sebelas
tisa	kumi	kumi na moja

12

dua belas

kumi na mbili

13

tiga belas

kumi na tatu

14

empat belas

kumi na nne

15

lima belas

kumi na tano

16

enam belas

kumi na sita

17

tujuh belas

kumi na saba

18

lapan belas

kumi na nane

19

Sembilan belas

kumi na tisa

20

dua puluh

ishirini

100

ratus

mia

1.000

ribu

elfu

1.000.000

juta

milioni

Bahasa Inggeris

Kiingereza

Bahasa Inggeris Amerika

Kiingereza cha Marekani

Bahasa Cina Mandarin

Kimandarini cha Uchina

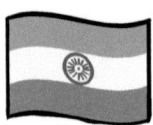

Bahasa Hindi

Kihindi

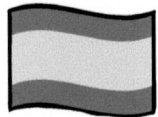

Bahasa Sepanyol

Kihispania

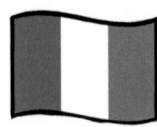

Bahasa Perancis

Kifaransa

Bahasa Arab

Kiarabu

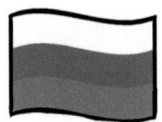

Bahasa Rusia

Kirusi

Bahasa Portugis

Kireno

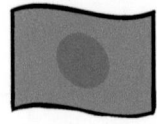

Bahasa Benggali

Kibengali

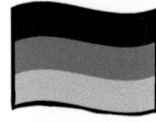

Bahasa Jerman

Kijerumani

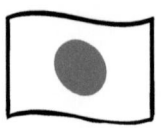

Bahasa Jepun

Kijapani

saya

mimi

anda

wewe

dia / dia / ia

yeye / yeye / ni

kita

sisi

anda

wewe

mereka

wao

siapa?

nani?

apa?

nini?

bagaimana?

jinsi gani?

di mana?

wapi?

bila?

lini?

nama

jina

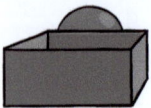

belakang

nyuma

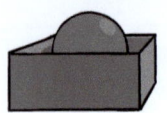

dalam

katika

di hadapan

mbele ya

lebih

juu ya

pada

kwenye

di bawah

chini ya

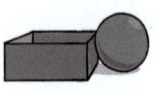

bersebelahan

kando

antara

kati

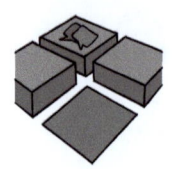

tempat

mahali